LES

ASSURANCES

SUR LA VIE

ET LA

COUR DE CASSATION EN 1902

PAR

J. LEFORT

Avocat au Conseil d'État et à la Cour de Cassation.

LYON
IMPRIMERIE EMMANUEL VITTE
18, rue de la Quarantaine, 18
1903

LES

Assurances sur la Vie

ET LA

COUR DE CASSATION EN 1902

LES

ASSURANCES

SUR LA VIE

ET LA

COUR DE CASSATION EN 1902

PAR

J. LEFORT

Avocat au Conseil d'Etat et à la Cour de Cassation.

LYON

IMPRIMERIE EMMANUEL VITTE

18, rue de la Quarantaine, 18

1903

LES
ASSURANCES SUR LA VIE

ET LA

COUR DE CASSATION EN 1902

En 1902, la Cour de cassation a statué trois fois seulement sur des pourvois se rapportant aux assurances sur la vie : le 27 janvier dans une affaire *Breille* contre *David;* le 24 février dans une affaire *Jamouillet* contre *Desserey;* le 8 juillet enfin dans une affaire *Villard* contre *Albertin.* Parmi ces arrêts, les deux premiers ont paru émouvoir au moins les personnes qui s'intéressent à ces questions. Il convient de préciser le sens et la portée des solutions intervenues.

I

La première, en date, des décisions rendues par la Cour de cassation concerne l'application des règles du droit commun sur le rapport héréditaire en matière d'assurances sur la vie. Contrairement à un arrêt du 29 juin 1896 (1) consacrant un revirement de jurisprudence que la doctrine avait eu la satisfaction de proclamer (2), la Cour de cassation a proclamé le 27

---

(1) S. 96, 1, 361 ; D. P. 97, 1, 73.
(2) Voir notamment nos observations *Pand. franç. pér.* 97, 1, 113 et *Revue internationale des assurances,* 1898, p. 605 et suiv.

janvier 1902, dans l'affaire *Vve Breille* contre *consorts David* (1), que le bénéficiaire d'une assurance sur la vie doit rapporter à la succession de l'assuré le bénéfice de l'assurance et que ce bénéfice doit être calculé conformément au principe général posé par l'article 923 du Code civil en prenant pour base la valeur de l'assurance au décès du donateur. Seulement si la Chambre civile l'a jugé ainsi, en rejetant le pourvoi formé contre l'arrêt de la Cour d'appel de Paris du 11 janvier 1899, elle l'a décidé à raison de circonstances particulières. Il importe de les indiquer ici pour donner à l'arrêt du 27 janvier 1902 sa physionomie véritable.

En 1886, M. Th. David avait souscrit avec la Compagnie *L'Urbaine* une police mixte ; l'assuré devait toucher le capital s'il survivait le 8 mai 1902 ; par son décès le profit devait revenir à ses héritiers. En 1892, un avenant, tout en maintenant la clause concernant le souscripteur même, a substitué pour le cas de décès, aux héritiers, Mme Breille, et à défaut de cette dernière, M. L. David. En 1890, M. Th. David se maria, puis le 11 avril 1892 il mourut, laissant sa veuve commune en biens quant aux acquêts, Mme Golloisch, qui renonça à la communauté, et pour héritier un enfant mineur au nom de qui la succession fut acceptée sous bénéfice d'inventaire. Le défunt avait fait des libéralités nombreuses. Dans les premiers mois de 1893 la veuve, tant en son nom personnel que comme tutrice de son fils, a introduit devant le Tribunal civil de la Seine une action en restitution de divers objets et valeurs provenant de la succession et en réduction des libéralités faites par le *de cujus*. Le 26 janvier 1894 le Tribunal de la Seine chargea un notaire d'établir la quotité disponible et de procéder, en cas de besoin, à la réduction des donations et legs dans l'ordre et dans les formes des articles 922 et 923 du Code civil.

Au point de vue de l'assurance souscrite par M. Th. David, considérant qu'à raison de l'avenant il n'y avait pas eu au moment où était contractée

(1) S. 1902, 1, 512 ; *Journ. des assur.* 1902, p. 144 ; *Rec. périod. des assur.* 1902, p. 226.

l'assurance, une stipulation au profit d'une tierce personne certaine et déterminée, le Tribunal jugea qu'il
en résultait non pas seulement que le bénéfice éventuel était attribué à M. Th. David lui-même en cas
de survie, mais que la faculté d'en disposer en cas de
décès était restée dans son patrimoine pendant un
certain temps après la signature du contrat, que l'acte
par lequel l'assuré avait transmis ce bénéfice à
Mme Breille l'avait dessaisi lui-même et constituait, en
conséquence, une libéralité au profit de ladite dame,
qu'il tombait donc sous l'application de l'article 920
du Code civil quant au rapport à la masse pour être
soumis à la réduction s'il y avait lieu.

Bien que très critiqué, ce jugement du 26 janvier 1894 (1), a été confirmé par la Cour de Paris suivant arrêt du 18 décembre 1895.

Au cours de la liquidation Mme Golloisch, Vve
Th. David, saisit à nouveau le Tribunal de la Seine
et elle sollicita notamment une décision ordonnant la
mise en vente de la police d'assurance pour le prix en
être versé à la masse successorale. Mme Breille combattit cette prétention, en soutenant que « l'adjudication serait un acte de disposition dommageable pour
les bénéficiaires et contraire aux droits conférés par
l'avenant, et que la valeur de l'assurance devait être
calculée du jour de l'avenant, sous déduction des
sommes empruntées par M. Th. David ». Par jugement du 8 janvier 1898, le Tribunal déclara « que
pour déterminer la valeur de la police il n'était pas
nécessaire de poursuivre l'aliénation », et que le notaire, pour composer l'actif successoral soumis à la
réserve et répartir le bénéfice de la police sur *L'Urbaine* entre les ayant droit, « prendrait pour base de
ses calculs le prix de rachat offert par la Compagnie
et après déduction des sommes empruntées par l'assuré. Devant la Cour de Paris, Mme Ve David prit des
conclusions tendant à faire dire que l'assurance transférée à Mme Breille par avenant devait être rapportée
en entier à la succession de Th. David dans les termes
des articles 920 et suivants du Code civil, en confor

(1) Voir *Rec. périod. des assur.*, 1894, p. 198.

mité des décisions rendues par le Tribunal civil de la Seine le 26 janvier 1894 et par la Cour de Paris le 18 décembre 1895 et qu'elle serait comptée dans l'actif pour la valeur de 100.000 fr. De son côté Mme Breille a prétendu que c'était à bon droit que le Tribunal avait décidé qu'il n'était point nécessaire de poursuivre l'aliénation de la police, que c'était à juste titre également que la valeur devait en être appréciée au jour de l'avenant et le prix de rachat établi en prenant pour base le prix de rachat que la Compagnie offrait de payer.

Par arrêt en date du 11 janvier 1899 la Cour de Paris a décidé que c'était à tort que les premiers juges avaient déclaré que le montant de l'assurance devait être calculé d'après sa valeur au moment de l'avenant en prenant pour base le barême de la Compagnie, que pour bien établir la quotité disponible et fixer dans quelles proportions devait avoir lieu le partage de la dite créance le notaire s'en tiendrait à la valeur de la police au moment du décès, valeur fixée à 50.000 francs.

C'est cet arrêt qui a été déféré à la Cour de cassation. Le pourvoi lui reprochait d'avoir imposé au notaire l'obligation de prendre la valeur de la police à la mort du stipulant; l'assurance, disait-il, ayant été attribuée à Mme Breille par un avenant, il était né à ce moment-là, à son profit, un droit de créance personnel reposant sur sa tête dès l'origine du contrat et ne pouvant, tout au moins à partir du jour de l'avenant, entrer en ligne de compte pour le calcul de la réserve.

Le principe était constant, mais il ne pouvait être appliqué dans l'espèce; il y avait, en effet, une décision passée en force de chose jugée : l'arrêt de la Cour de Paris du 18 décembre 1896 (confirmant le jugement du Tribunal de la Seine du 26 janvier 1894), qui indiquait dans quel sens le notaire devait procéder et qui posait des bases. Assurément ces bases prêtaient à la critique la plus sérieuse, mais elles s'imposaient en l'absence de tout pourvoi. L'arrêt entrepris n'ayant fait que se conformer à cette décision devenue irrévocable, le pourvoi ne pouvait réussir, son échec était fatal.

Il ne faut pas considérer l'arrêt de rejet du 27 février 1902 comme impliquant un abandon de la jurisprudence inaugurée par l'arrêt du 29 juin 1896. C'est une solution d'espèce et rien qu'une solution d'espèce motivée par l'indifférence des parties en présence d'une décision qui avait fini par s'imposer et qui aurait véritablement été censurée si elle avait été déférée à la Cour de cassation. Suivant une expression qui a le grand mérite de résumer très nettement la situation, *cet arrêt n'est que le respect de la chose jugée* (1). Il convient de ne pas oublier, en effet, que six mois après l'arrêt de Paris du 18 décembre 1895, inspiré par l'arrêt de la Cour de cassation du 8 février 1888 (2) en matière de rapport héréditaire, la Cour de cassation revenait sur cette doctrine et proclamait la solution que l'on sait en matière de rapport (3).

Cet arrêt ne vient-il pas à l'appui de la demande qui a été faite d'une législation réglementant le contrat d'assurance sur la vie? Ne suffit-il point à montrer l'intérêt qu'il y a à ne pas laisser les tribunaux maîtres de décider à leur guise, en dépit de la jurisprudence de la Cour de cassation, et à éviter des décisions qui peuvent exercer une influence dans l'avenir (4)?

II

L'arrêt du 24 février 1902 rendu par la Chambre civile sur le pourvoi des époux *Jamouillet* contre *Desserey* (5) semble avoir causé une certaine émo-

---

(1) *Moniteur des Assurances*, juin 1902, p. 280.

(2) D. P. 88, 1.195; — S. 88, 1.121.

(3) Cass., 29 juin 1896. S. 96, 1.361; — D. P. 97, 1.73.

(4) Dans notre *Rapport préparatoire à la Commission du contrat d'assurance* (Paris, Imprimerie Nationale, 1903, p. 3, note 1), nous avons cru devoir relever cette situation de la Cour de cassation obligée, à raison de l'autorité de la chose jugée, de consacrer une solution contraire à sa propre doctrine.

(5) S. 1902, 1.166; — *Réc. pér. des assur.*, 1902, p. 107; — *Journ. des assur.*, 1902, p. 172.

tion (1), en ce que l'on a pu croire à la tendance à un revirement de jurisprudence en matière d'attribution de bénéfice, la Cour ayant décidé que le droit au capital assuré figurait dans le patrimoine du défunt, au cas où la personne gratifiée procède en vertu d'un testament.

Ces appréhensions ne semblent pas justifiées. S'il en était autrement, nous serions le premier à joindre notre protestation. La décision de la Chambre civile s'explique fort bien, à notre avis.

En 1880, le 11 septembre, M. Desbois avait souscrit avec la Compagnie du *Phénix* et pour une somme de 50.000 francs une assurance en faveur de sa femme et, à son défaut, au profit de ses enfants nés ou à naître. Le 17 novembre, le même M. Desbois a testé dans les termes suivants : « Je donne à ma femme Marie-Amélie-Félicie Desbois tout ce que je possède, y compris les 50.000 francs que j'ai d'assurés sur la vie à la Compagnie du *Phénix*, mais à la condition expresse qu'elle ne se remarie pas. Dans le cas où elle le ferait, le tout retournera à mes enfants nés ou à naître; s'il n'en existe pas, cette somme reviendra à mes héritiers, c'est-à-dire à mon frère et à mes sœurs. Il demeure bien entendu que si ma femme ne se remarie pas, que, à sa mort, dans le cas qu'elle ne laisserait après elle aucun de nos enfants, la moitié de ce qu'elle possède devra retourner à ma famille. » M. Desbois mourut le 7 mars 1887, ne laissant qu'un enfant, Mlle Marie-Renée Desbois. Mme veuve Desbois réclama et toucha le montant du capital assuré, puis elle se remaria avec M. Jamouillet. De son côté, Mlle Marie-Renée Desbois épousa M. Desserey. En 1893, la communauté qui avait existé entre Mme Desbois et la succession de feu Desbois n'était pas encore liquidée. Une instance fut alors introduite par les époux Desserey devant le Tribunal de Nantes, et le débat porta, entre autres points, sur la question de l'attribution du capital assuré. Par jugement en date du 15 mars 1899, le Tribunal décida qu'il appartenait

(1) V. les craintes si bien exprimées par M. Regnault dans sa judicieuse *Revue de la jurisprudence-vie* (*Moniteur des assurances*, janv. 1902, p. 274).

à Mme Desserey, fille de feu M. Desbois. Les époux Jamouillet firent appel. La Cour de Rennes a statué le 5 décembre 1899 (1). Après avoir déclaré, d'une part, que le droit au montant de l'assurance attribué à Mme Desbois par la police d'assurance et par le testament de son mari avait été mis à néant par la réalisation de la condition à laquelle elle était subordonnée, après avoir affirmé, d'autre part, que la stipulation faite par contrat en faveur des enfants *nés ou à naître* était nulle, comme faite en dehors des prescriptions de la loi, la Cour de Rennes décidait que le droit au capital assuré avait été valablement attribué à Mme Desserey, fille Desbois, par le testament, et qu'en conséquence ce capital, qui, dès lors, n'était jamais entré dans la communauté, devait être versé en totalité à ladite dame ou à son représentant, ceux-ci devant toutefois récompense à la communauté du montant des primes versées par feu Desbois à la Compagnie du *Phénix* et des intérêts des dites primes.

Les époux Jamouillet ont formé un pourvoi. Leur argumentation se résumait en ces termes : la Cour de Rennes avait eu tort de décider que M. Desbois avait pu disposer par testament de la totalité d'un capital montant d'une assurance sur la vie souscrite par lui au profit de personnes indéterminées ; ce capital tombait dans le patrimoine du stipulant, était soumis aux principes régissant ce patrimoine, il faisait partie de la communauté, et par suite le stipulant n'en pouvait disposer par testament que dans la limite de ses droits sur les biens de la communauté. La doctrine du pourvoi a été fortement combattue par la défense (2) : cette dernière a fait valoir, notamment, qu'en affirmant que le droit au capital assuré qui avait été valablement attribué par M. Desbois, qui avait la libre disposition, n'était jamais entré dans la communauté et que le profit de l'assurance appartenait bien à Mme Desserey, l'arrêt s'était conformé aux principes généraux consacrés par la jurisprudence de la Cour

---

(1) S. 1902, 1.165 ; — *Rec. pér. des assur.*, 1902 ; p. 105.
(2) Le mémoire a été reproduit dans le *Recueil périodique des assurances*, 1902, p. 110 à 116.

de cassation en matière d'assurance sur la vie, desquels il résulte que le capital assuré n'existe pas dans les biens du stipulant durant sa vie, puisqu'il ne se forme et ne commence d'exister que par le fait même de la mort du stipulant (1) ; le capital assuré qui n'existe pas dans le patrimoine du stipulant ne peut donc être considéré comme une acquisition mobilière faite par lui durant le mariage, tombant dans la communauté en vertu de l'art. 4401 du Code civil.

Néanmoins la Chambre civile a, par son arrêt du 24 février 1902, cassé l'arrêt de Rennes. La Cour affirme que si le bénéfice d'une assurance sur la vie attribué par le contrat à un tiers désigné rend ce dernier créancier direct de l'assureur et lui confère un droit propre il en est autrement lorsque la personne gratifiée tient ce bénéfice non du contrat d'assurance mais d'un testament, qu'en pareille circonstance le droit au capital assuré dérivant du contrat fait alors partie du patrimoine de l'assuré jusqu'au décès de ce dernier, que c'est seulement à ce moment que le droit du légataire à ce capital prend naissance et que, par suite il ne lui parvient qu'avec les restrictions légales auxquelles était soumis le disposant.

La solution affirmée par la Cour de Cassation ne semble guère contestable en droit, bien qu'il puisse sembler à première vue.

Quand le contractant stipule que le bénéfice de l'assurance sera attribué à un tiers spécialement désigné, ce tiers, dès qu'il accepte le bénéfice du contrat, devient le créancier direct de la Compagnie. Après le décès du contractant, le tiers recueille le bénéfice de l'assurance non pas *jure hæreditario* comme s'il s'agissait d'une valeur successorale, mais *jure proprio ;* l'acceptation, une fois intervenue, a un effet rétroactif au jour du contrat et le tiers est censé avoir contracté directement avec la Compagnie (2). Ce tiers est comme substitué au contractant originaire et dans ces conditions il est juridique d'admettre que son droit ne saurait être diminué en raison des droits

(1) Cass. 29 juin 1896. D. P. 97, 1.73 ; — S. 96, 1.361.
(2) Cass. 22 juin 1991, S. 92, 1.177.

compétant aux héritiers de ce dernier (1). Mais il en est tout autrement quand le bénéficiaire du capital assuré tient ses droits non pas du contrat passé avec la Compagnie mais d'un testament laissé par le contractant. Le bénéficiaire n'est plus un créancier de la Compagnie, c'est un légataire de la succession du contractant ; légataire, son droit ne prend naissance qu'au décès même du testateur (art. 1014 C. civil) et ses droits sont mesurés par les droits mêmes de ce dernier (art. 1021 C. civil) (2).

Cet arrêt de la Cour de Cassation appelle deux réflexions.

En premier lieu, on ne saurait le considérer comme un revirement de jurisprudence en matière d'attribution de bénéfice. La Chambre civile a eu bien soin d'insister sur les principes proclamés à cet égard et de marquer expressément que s'ils ne devaient pas recevoir leur application dans la cause, c'est parce que la situation qui lui était soumise n'était en rien semblable à celle devant laquelle elle avait eu à statuer précédemment.

D'autre part, la décision dont il s'agit met parfaitement en lumière les inconvénients que présente la transmission de l'assurance sur la vie par un testa-

---

(1) V. notamment sur ces deux conséquences, Cass 16 janv. 1888, S. 88, 1 121 ; — D. P. 88, 1.77 ; — Cass. 27 juin 1896 ; S. 96, 1.361 ; — D. P. 97, 1.73.

(2) La police avait été souscrite au profit de la femme, mais sous une condition résolutoire, ensuite aux enfants nés ou à naître ; c'était cette dernière clause qui s'imposait puisque la condition résolutoire visant le mariage s'était réalisée. Il n'y avait donc pas attribution à une personne déterminée, par conséquent. Dès lors, le capital constituant une valeur acquise par le souscripteur de la police, comme ce dernier était marié sous le régime de la communauté légale, cette acquisition était tombée dans la communauté. V. dans ce sens, Cass. 15 Décembre 1873. S. 74, 1.199. GUILLOUARD : *Contrat de mariage*, T. I, n° 378 ; — LAURENT : *Dr. civ.*, T. XVI, n° 235.

Comme maître de la communauté, M. Desbois aurait pu disposer de ce capital dans les termes des articles 1421, 1422 et 1423 C. civ., à titre onéreux ; à titre gratuit par voie de donation entre vifs ; il n'a fait ni l'un ni l'autre ; il n'a pas disposé du capital assuré par un contrat à titre onéreux, il n'en a pas disposé davantage par une donation entre vifs ; il en a disposé par testament. Or, par testament, M. Desbois ne pouvait disposer des biens communs que jusqu'à concurrence de sa part de la communauté. (Art. 1423, C. civil ; AUBRY et RAU : *Dr. civil*, T. V, § 509, p. 330.) — V. Note, S. 1902. 1.165, notes 6-8.

ment, mode qui, pour être rare n'en est pas moins parfaitement valable (1). Il y a longtemps que ces désavantages ont été indiqués (2) : au cas d'attribution par testament, l'art. 1423 C. civil étant applicable, le capital de l'assurance fait partie de l'actif de la communauté et doit être compris dans le partage ; il est attribué au bénéficiaire s'il tombe dans le lot des héritiers du mari : dans le cas contraire, il appartient à la femme ou à ses ayants-droit et la valeur doit en être payée au bénéficiaire par la succession du testateur ; — si le droit au bénéfice d'une assurance sur la vie est acquis dès le jour du contrat à la personne au profit de laquelle le contrat a été passé et n'est jamais entré dans le patrimoine ni dans la succession de l'assuré, il n'y a pas là de libéralité imputable sur la quotité disponible et réductible en cas d'excès ; en présence d'un testament, au contraire, le bénéficiaire investi de par un acte de dernière volonté est soumis à la réduction s'il y a des héritiers réservataires et au rapport s'il y a des cohéritiers et le rapport devra se faire pour le montant même de l'assurance et non pas seulement pour les primes. Au point de vue pratique, une grave objection se présente ; au cas d'attribution par un testament, il peut se présenter que la Compagnie se trouve en présence à la fois d'un testament et d'une indication portée dans le contrat même mais non modifiée par l'assuré ; si le bénéficaire mentionné dans la police se présente le premier, ce qui est parfaitement possible, il sera payé; mais alors une contestation se produira et cette contestation ne sera pas facile à régler, car on se trouvera en présence de deux bénéficiaires invoquant, tous les deux, un droit égal, mais ne pouvant exciper d'un droit de préférence.

---

(1) Cass. (sol impl.) 6 mai 1891. D. P. 93, 1.177 ; et sur renvoi, Lyon. 3 février 1899, *Journ. des assur.*, 1899, p. 134.
Conf. DUPUICH : Note D. S. 93, 1.177 et *Traité pratique de l'assurance sur la vie*, n° 160 ; LEFORT : *Les assurances sur la vie et la Cour de Cassation en 1891*, p. 7. et *Traité théorique et pratique du contrat d'assurance sur la vie*, T. II, p, 193, note 3.

(2) V. notam. BELTJENS : *Encyclopédie du droit commercial*, T. III, p.199 ; MEERENS : *Du mode d'attribution du bénéfice d'assurance en cas de décès.* (*Bulletin de l'Association des Actuaires belges*, 15 décembre 1901, p. 15 etc.)

Pour justifier l'emploi de la forme testamentaire, il a été parfois soutenu qu'il a cet avantage que la transmission produit des effets par l'acte même. Mais en admettant qu'il en soit ainsi, cet avantage ne compense pas les inconvénients. On ne saurait soutenir que l'attribution par testament rend celle-ci irrévocable à partir du décès de l'assuré tandis que l'attribution faite soit dans le contrat, soit par un avenant pourrait, en cas de non acceptation, être révoquée par les héritiers de l'assuré. Il est certain, en effet, que le droit de révocation est un droit essentiellement personnel, ne passant pas aux héritiers (1).

III

Une très intéressante question a été abordée par la Chambre des Requêtes à l'occasion du pourvoi formé par *M. Villard* contre l'arrêt de la Cour d'appel de Grenoble, rendu le 22 janvier 1901, au profit du *Syndic de la faillite de M. Albertin.*

En 1893, M. Albertin a signé avec la Compagnie *L'Urbaine* un contrat aux termes duquel il stipulait que le montant de l'assurance sur la vie souscrite sur sa tête serait payable à lui-même s'il vivait le 29 mai 1918, et en cas de prédécès à sa femme. Comme d'habitude, l'attribution bénéficiaire pouvait être faite par un avenant ou par tous autres modes légaux ordinaires et notamment au moyen d'un endossement régulier exprimant la valeur fournie suivant les articles 137 et 138 C. comm. En 1899, le 31 juillet, usant de la faculté qui lui était accordée, M. Albertin a transmis par endossement la créance contre la Compagnie à M. Villard. Moins de deux mois après, le 12 septembre, M. Albertin mourut. Le 7 octobre suivant, sa faillite a été déclarée avec effet au 8 août. Le syndic de la faillite a assigné M. Villard devant le Tribunal

____

(1) Laurent : *Dr. civ.*, t. XV, p. 334 ; — Dupuich : *Traité pratique de l'ass. sur la vie*, nᵒˢ 212 et 230 ; — Crépon : Note, S. 88, 1.121 ; — Lefort : *Traité théorique et pratique d'ass. sur la vie*, t. II, p. 146.

de Commerce de Saint-Marcellin pour voir prononcer
l'annulation de l'endossement du 31 juillet 1899 par
application des articles 446 et 447 C. comm., et la
restitution à la faillite du contrat d'assurance du
29 mai 1893. Le Tribunal ayant rejeté la demande
du syndic, ce dernier a interjeté appel devant la Cour
de Grenoble qui, à son tour, et par arrêt du 22 janvier
1901 (1), a accueilli la prétention du syndic.

La Cour de Grenoble ne méconnaissait pas le droit
privatif et direct d'un bénéficiaire à partir de la signature du contrat, même au cas d'assurance mixte
(comme dans l'espèce); elle proclamait que si le bénéfice de l'assurance avait été transmis par un avenant
à M. Villard, ce dernier serait fondé à soutenir qu'il
avait eu droit à la somme assurée dès la date de la
police originaire avec laquelle l'avenant serait réputé
se confondre, qu'ainsi ce capital, étranger au patrimoine de M. Albertin, échapperait à l'action de ses
créanciers et aux effets de la faillite. Mais la Cour
refusait d'attribuer la même valeur à l'endossement
intervenu au profit de M. Villard. D'après elle, en
réalisant cet endossement, M. Albertin avait implicitement révoqué l'attribution faite à sa femme avant
qu'elle eût définitivement acquis le bénéfice par son
acceptation; cet acte de disposition impliquait que le
droit à l'émolument du contrat était dans son patrimoine (2) lors de la transmission qui en avait été faite
par M. Villard par un endossement qui n'avait d'effet
qu'à partir de sa date et ne pouvait rétroagir au jour
du contrat (3). En conséquence, la Cour décidait que

(1) *Journal des assurances*, 1901, p. 157; — *Rec. pér. des assurances*,
1901, p. 270.
(2) Ceci n'est pas exact. Quand un assuré, après avoir traité en
faveur d'une personne, attribue le bénéfice à un tiers, l'assurance
primitive continue et elle continue avec tous ses effets; il n'y a qu'un
changement de bénéficiaire et ce changement est sans portée.
(3) Cette affirmation semble inspirée plus ou moins directement
par un jugement du Tribunal de commerce de Marseille du 12 octobre 1886. (Dalloz, *Rép.*, Suppl., V° *Faillites*, n° 652.), d'après lequel
serait nulle de plein droit au regard de la masse comme passée
après la cessation des paiements la cession du bénéfice d'une police
à un créancier en garantie d'une dette préexistante. Ainsi que nous
l'écrivions (*Tr. théor. et prat. du cont. d'ass. sur la vie*, t. II, p. 311,
note 2), cette décision repose sur une idée inexacte : considérant qu'il
y avait eu une police stipulant une somme payable à échéance fixe

M. Villard ne pouvait se prétendre investi par l'endossement du 31 juillet 1899 d'un droit personnel sur la police, que son droit n'avait pris naissance qu'à la date de la transmission par voie d'endossement, c'est-à-dire durant la période indiquée comme celle de la cessation des paiements. D'autre part, admettant en principe l'applicabilité en l'espèce des art. 446 et 447 C. comm., la Cour de Grenoble autorisait M. Villard à prouver que l'endossement se référait à une opération ayant un caractère à titre onéreux.

Cet arrêt (1) a été déféré à la Cour de Cassation. Le pourvoi prétendait que la stipulation était valablement intervenue au profit de M. Villard, la femme gratifiée par la police au cas de prédécès de l'assuré n'ayant pas accepté, et que cette stipulation avait rendu rétroactivement et dès le jour même du contrat le bénéficiaire créancier direct de la Compagnie, le bénéficiaire étant déterminé ; le demandeur ajoutait que si aucune contestation n'aurait pu se produire au cas de transmission par avenant, il devait en être de même

ou en cas de décès aux héritiers, le Tribunal de Marseille prétendait qu'à ce moment le patrimoine de l'assuré s'était enrichi de cette créance, que l'avenant qui avait transporté à autrui ce bénéfice diminuait le patrimoine. Cette proposition du Tribunal de Marseille était condamnée par la doctrine de l'arrêt de la Cour de Cassation du 7 août 1888 (S. 89.1.97 ; — D. P. 89.1.118), rendu dans une espèce où il y avait eu d'abord police passée au profit des héritiers, puis avenant intervenu en faveur d'un tiers, aussi bien que par les principes posés dans l'arrêt du 22 juin 1891 (S. 92.1.177 ; — P. D. 92.1.206) sur l'inefficacité des clauses relatives à la transmission quant au droit du bénéficiaire.

(1) Cette décision est très fortement critiquée. V. notam. *Rec. pér. des assur.*, 1901, p. 273 et suiv. et Note, S. 1903, 2, 17, etc.

Dans une des notes très substantielles dont il accompagne les arrêts rendus en matière d'assurance sur la vie (D. P. 1901, 2, 337 et 338), non content de mettre en parallèle les conséquences de l'attribution par l'endossement et par l'avenant (ce dernier préférable, selon lui), M. Dupuich a formulé les plus expresses réserves sur cet arrêt et montré que sa doctrine n'était exacte qu'en partie : dans l'assurance mixte il y a d'abord une assurance en cas de vie en faveur de l'assuré lui-même, puis une assurance en cas de décès en faveur d'un bénéficiaire ; si l'assuré survit, il y contrat à son profit personnel, ses créanciers peuvent agir. Si, au contraire, l'assuré décède avant la date indiquée, son droit au capital est résolu, et par cela même celui de ses créanciers ; il n'y a plus qu'une assurance en cas de décès au profit du tiers substitué à la personne indiquée dans la police comme devant toucher le produit de l'assurance, à défaut du souscripteur, assurance qui nécessairement échappe à l'action des créanciers de ce dernier.

en présence de l'emploi de l'endossement qui était régulier, d'ailleurs. En d'autres termes, d'après le demandeur en cassation, aucune distinction ne devrait se produire à raison de la différence du mode de cession. Cette thèse a été fortement combattue dans le rapport présenté à la Chambre des Requêtes. Les principes eux-mêmes n'ont pas été contestés, ce qui a été en litige c'est leur application. A l'appui du rejet du pourvoi il était soutenu que l'acte de transmission est un acte indépendant de la police, qui ne participe pas de son caractère de stipulation pour autrui, qui ne saurait, par suite, produire les mêmes effets puisque celui qui fait un transport ou une cession ne fait que transmettre à autrui ce qui lui appartient, que ce qui est vrai du transfert de la police par voie de cession ou de mise en gage l'est nécessairement de celui qui s'opère par voie d'endossement car en réalité l'endossement comprend à la fois une vente de la créance transmise par ce moyen et un cautionnement ; si tel est le caractère propre de l'endossement, forcément lorsque l'assuré a recours à ce moyen pour transporter à un tiers le bénéfice de sa police, il anéantit les effets de la stipulation pour autrui qu'il avait faite en désignant un bénéficiaire éventuel, puisqu'il accomplit ainsi un acte qui constitue une véritable cession.

Cette manière de voir n'a pas convaincu la Chambre des Requêtes qui, par son arrêt d'admission du 8 juillet 1902 (1), a préféré renvoyer le débat à la Chambre civile (2). Il ne faut pas le regretter. Quel

(1) *Gazette des Tribunaux*, 12 juillet 1902 ; *Journ. des assurances*, 1902, p. 409.

(2) Une autre considération (il n'est pas interdit de le penser), a pu sembler déterminante. Elle peut se résumer ainsi :

Par l'article 446 C. com., le législateur veut sauvegarder le patrimoine du failli, c'est la fortune de ce dernier telle qu'elle est composée lors de la cessation des paiements ; ce qu'il entend, c'est que l'actif, tel qu'il est à ce moment, soit affecté au paiement du passif, c'est que la masse créancière ne perde pas le gage qui doit lui appartenir. Ce qu'il veut réprimer, c'est tout acte qui fait sortir une valeur de la masse sans en faire rentrer aucune autre. Or, quels biens, l'assuré a-t-il distraits de son patrimoine au préjudice de ses créanciers ? Il y avait une assurance mixte ; le droit éventuel était soumis à la survie du souscripteur de la police jusqu'à l'époque déterminée ; dans l'espèce le droit était résolu par le décès de l'assuré, le 12 septembre 1899 ; donc il n'y avait rien dans le patrimoine.

que soit le parti qu'adoptera la Cour suprême, il importe d'avoir une solution, mais une solution intervenue à la suite d'un débat contradictoire comme il s'en engage devant la Chambre civile, à la suite d'observations présentées par les deux avocats, la Cour ne faisant que départager.

La question qui se pose (et qui ne saurait être traitée ici d'une manière complète car il n'y a qu'un arrêt d'admission laissant tout en état), cette question est fort délicate. Il s'agit, en particulier, de savoir si, comme on peut le croire sans témérité, le caractère rétroactif de l'attribution dépend non pas du mode d'attribution mais bien de la nature propre du contrat d'assurance sur la vie et du principe posé par l'article 1121, C. civ., si ce système ne ressort pas de l'arrêt de la Cour de cassation du 16 janvier 1888 (1) concernant la substitution d'un bénéficiaire à un autre, et surtout de l'arrêt du 7 août 1888 (2) qui, pour proclamer le droit propre et exclusif du bénéficiaire s'attache moins au caractère de l'avenant qu'à la faculté d'attribution que s'était réservée le souscripteur de la police. Il convient que l'opinion de la Cour suprême soit connue sur cette assimilation que de bons esprits veulent établir entre l'avenant et l'endossement (3). Il faut que l'on sache, en présence de l'arrêt précité du 7 août 1888 reconnaissant que « la stipulation originaire faite dans la police même, confère implicitement mais nécessairement au stipulant la faculté de désigner ultérieurement un bénéficiaire », si le stipulant n'est pas limité dans la manière d'user de cette faculté. Il est essentiel de savoir si la reconnaissance du droit du syndic ne constituerait pas la proclamation pour lui de la possibilité d'amener la révocation de l'assurance, contrairement à ce qui est généralement admis. Assurément la défense ne manquera pas de soutenir que dans l'espèce le créancier qui bénéficie ainsi d'un endos intervenu dans de semblables conditions, se trouve, à l'encontre de la faillite de l'assuré, béné-

(1) S., 88, 1, 121 ; D. P.. 88, 1, 77.
(2) S., 89, 1, 97; D. P., 89, 1, 118.
(3) V. Note, S. 1903, 2, 19.

ficier en fait d'un « privilège ». Mais, ainsi qu'on l'a justement noté (1), n'est-ce pas la conséquence hardie, logique des principes déjà admis? Dans la cause, la faillite n'a pas été dessaisie d'un émolument puisqu'elle n'y avait aucun droit, puisque si l'assuré n'avait pas transmis par endossement le bénéfice revenait à la femme dont le droit n'aurait pu être contesté.

(1) Cosmao-Dumanoir dans les *Annales du droit commercial*, octobre 1902, p. 132.

ARRÊTS

MENTIONNÉS DANS CETTE ÉTUDE

COUR DE CASSATION

I

(24 janvier 1902.)

BREILLE contre DAVID.

La Cour,

Sur l'unique moyen du pourvoi : Attendu que par arrêt du 18 décembre 1895, confirmatif d'un jugement du Tribunal civil de la Seine du 26 janvier 1894, la Cour de Paris a jugé que l'assurance sur la vie contractée par Théophile David, le 8 mai 1886, avec la Compagnie *L'Urbaine*, avait fait partie du patrimoine de ce dernier jusqu'à l'avenant du 21 mars 1892 ; qu'elle a déclaré que cet acte, par lequel David avait transmis le bénéfice de l'assurance à la dame Breille l'avait dessaisi lui-même, qu'il constituait, en conséquence, une libéralité au profit de ladite dame et qu'il tombait par suite sous l'application de l'article 920 du Code civil quant au rapport à la masse, pour être soumis à la réduction s'il y avait lieu ;

Attendu que cette décision n'a pas été l'objet d'un recours légal sous les délais de droit, et qu'elle a ainsi acquis force de chose jugée ;

Attendu, dès lors, que c'est à bon droit que, l'arrêt attaqué a décidé que, pour déterminer dans l'espèce la quotité disponible et fixer dans quelles proportions devait avoir lieu le partage de la créance résultant de l'assurance, le notaire liquidateur prendrait pour base, conformément à l'article 922 du Code civil, la valeur de la police, au jour du décès de David, soit au 11 avril 1892 ; qu'en statuant ainsi il n'a violé ni l'article 1351 du Code civil dont il a fait, au contraire, une juste application, ni les autres articles invoqués par le pourvoi.

Par ces motifs, rejette.

II

(24 février 1902.)

Jamouillet contre Desserey.

La Cour,

Sur l'unique moyen du pourvoi :
Vu l'article 1423 du Code civil, 1ᵉʳ alinéa.

Attendu, en droit, que si, lorsque le bénéfice d'une assurance a été attribué par le contrat à un tiers spécialement désigné, ce tiers devient, par son acceptation, le créancier direct du promettant et recueille, en conséquence, la somme assurée en vertu d'un droit qui lui est propre, il en est autrement lorsqu'il tient ce bénéfice non du contrat d'assurance, mais d'un testament fait par le stipulant; que le droit au capital assuré, dérivant du contrat, fait alors partie du patrimoine du testateur jusqu'au décès de ce dernier; que ce n'est qu'à ce moment que le droit du légataire à ce capital prend naissance, et que, par suite, il ne lui parvient qu'avec les restrictions légales auxquelles était soumis le disposant;

Attendu que, pour décider, dans l'espèce, que le capital assuré par Desbois appartenait en totalité à la dame Desserey ou à son représentant, l'arrêt attaqué s'est fondé non sur la stipulation inscrite au contrat d'assurance en faveur des enfants nés ou à naître, qu'il a déclarée nulle comme entachée d'indétermination, mais sur l'attribution ultérieure à ces mêmes enfants dudit capital, par le testament du stipulant, que cependant Desbois étant, d'après les constatations du même arrêt, marié sous le régime de la communauté légale, le droit au capital assuré, s'il n'y avait pas de bénéficiaire valablement désigné dans le contrat d'assurances, comme le déclare la Cour de Rennes, était entré de son chef dans le patrimoine commun aux époux et qu'ainsi il ne pouvait, par acte de dernière volonté, en disposer légalement au delà de sa part dans la communauté; que, dès lors, en statuant comme elle l'a fait, la Cour d'appel de Rennes a violé l'article de loi ci-dessus visé,

Par ces motifs, casse...

Lyon. — Imprimerie Emmanuel VITTE, rue de la Quarantaine, 18.